아마도

아마도

김수봉 제11시집

세종출판사

••• 서문

이 시집은 2023년 10월부터 2024년 11월까지 14개월 동안 창작된 600여 편의 작품 중 400편만 선발하여 11.12.13.14집을 만들기로 하고 14집을 만들기 위해 월별로 5-10여 편씩 먼저 추렴한 뒤 남은 작품 중 2023년 10월부터 2024년 02월까지 5개월 동안 쓴 작품을 중심으로 구성한 시집이다.

지난해에 8.9.10집의 세 권의 시집을 한참에 발간한 이후 올해 또 네 권의 시집을 한꺼번에 낸다는 것이 부담스럽기는 하지만 이미 써놓은 작품은 버리기도 출간하기도 안타까운 계륵 같아서 고민 끝에 작품의 평가는 독자에게 맡기는 것이 좋겠다는 생각에 용기를 내어 이들을 총정리한다는 마음으로 11.12.13.14집의 시집을 한꺼번에 출간하게 되었다.

독자 제현의 많은 사랑과 질정을 기대한다.

2025. 05. 15.

무심재(無心齋)에서 김수봉 사룀.

차례

제2부 2024년 02월

제3부 2023년 10월

제4부 2023년 11월

第5부 2023년 12월

제1부

2024년 01월

행복한 삶

실패가 있어서
성공이 빛나고 아름답듯
실패와 고통 없는 삶은
행복한 삶이 아니다

사람이 영원히 죽지 않는다면
하는 일마다 저절로
다 이루어진다면
무슨 재미

욕망이 클수록
좌절과 고통도 커지겠지만
도전하지 않으면 성취도 없고
성취가 없으면 행복도 없다

행복은 고통 위에
건설되는 성취일 뿐
도전과 고통의 삶이야말로
진정한 행복의 삶 아닐까

(2024.01.20.)

분수分數

사람이 일정하게 이룰 수 있는
한계를 분수라 말하지만
사람이 현재 처한 상황이나
결과에 대한 낮잡은 평가일 뿐

분수는 이룰 수 있는 능력이나
가능성에 대한 평가는 아니라서
타고난 것도 운명도 아니다

분수를 알고 분수에 만족해야
안심입명하고 행복하다는 말도
현실의 체념을 강요한
잘난 체하는 자들의 말일 뿐

현재의 상황을 극복하고 더 좋은
결과를 이루면 얼마든지 바뀌고
다르게 평가될 수 있는 것도 분수다

운명도 타고난 것이 아니고
자신이 이룬 결과에 대한
평가에 불과한 것처럼 (2024.01.05.)

미운 놈

똥이 더럽다고 치면
온몸에 똥칠하게 되고

짖는 개가 시끄럽다고
발로 차면
종아리 물리게 되고

우는 아이 밉다고
매를 들면 더 크게 울 뿐

원한의 고리를 끊기 위해서는
원수를 사랑할 수밖에 없듯

미운 놈도 갈구면
서로 갈궈서 끝이 없지만
떡 하나 더 주면 저절로
돌아서서 친구가 된다

정치나 인간관계도
외교도 마찬가지 아닐까

(2024.01.23.)

Security

한국철도시설공단 안전 요원의
단복 등판에 새겨진 Security

지하철은 대부분 내국인이 타고
세계적으로도 최고의 문자라고
인정받는 한글이 있는데
무엇 때문에 영어로 새겼을까?

무슨 말일까?
외국인들만 알라는 뜻일까?
한국인은 몰라도 된다는 말일까?

아니면 외국어를 모르는 사람은
알 필요도 없다는 뜻일까?

영어로 새기면 자신들의 자존심이
높아지고 권위가 올라간다고
생각하는 것일까?

그것도 아니면 TV 아나운서들도
함부로 쓰기에 외래어로 써야

멋진 말이라고 착각한 탓일까?

아무리 생각해도 알 수가 없으니
역시 나는 대한민국의 무식하고
못난 국민인가 보다

(2024.01.22.)

극락極樂

누구나 극락에 가고 싶어 하지만
당장 죽어서 극락에 가기는 누구도
싫어한다는 법정스님의 일화에서

사람들은 '개똥밭에 굴러도
이승이 저승보다 낫다' 했는데
현실보다 더 좋은 극락이 어디
있겠냐며 살아 있음에 안도한다

법정스님의 가르침은 정말 현실
긍정이고 현실이 극락이란 뜻에서
그렇게 말했을까

마음먹기에 따라서 현실이 극락일
수 있다는 긍정적 해석은 그럴 듯
하지만 현실이 극락이라면 석가는
무엇 때문에 설산에서 고행을 했고
예수는 십자가에 못 박혔을까

아마도 법정스님의 말은 고해의
현실과 허무에 빠진 중생을 제도하고

사막에서 모래를 찾는 중생의
어리석음과 끝없는 욕심을 경계하기
위한 방편의 말 아니었을까

(2024.01.19.)

나이의 영욕榮辱

삶의 패러다임 변화가 느리던
시대에는 보고 들은 것이 많은
나이는 지혜가 높아 언제 어디서나
존경받고 존중받는 어른이었고
나무조차도 묵을수록 신령한 존재로
마을을 지키는 당산목이 되기도 했다

너무나 빨리 패러다임이 변하는 요즘
변화에 적응 못한 노인과 고목들은
존경은커녕 꼰대나 보호수 소리나
듣는 처리 곤란한 존재일 뿐

앞으로 AI 시대에는 지금의
잘난 젊은이들조차도 그때는
시대를 선도하는 잘난 노인이
될 것인지는 두고 볼 일이지만

본의 아니게 더하고 변할 수밖에
없는 것이 나이와 세상이라면
이들은 서로 체하기보다
오히려 조화가 필요한 것 아닐까 (2024.01.18.)

바램

꽃이 아니라도
꽃 피우고 싶다
그대의 사랑을 위해서라면

향기 없어도
향기롭고 싶다
그대의 기쁨을 위해서라면

아무리 넘어져도 다시 일어서는
오뚝이가 되고 싶다
그대의 행복을 위해서라면

어두운 밤뿐만 아니라
낮에도 빛나는 별이고 싶다
그대의 꿈과 희망을 위해서라면

그대와 함께 할 수만 있다면
하늘의 달도 별도 따오고
무엇이든 할 수도 있고
못할 일이 없으련만

(2024.01.31.)

비우기의 역설

먼 길 가는 나그네
눈썹조차 빼놓고 간다는데

모든 욕심 내려놓고
가다가 지쳐서 넘어지면 김에
쉬었다가 쉬엄쉬엄 가라지만

장이 탈나서
하루에 십여 차례
해우소 오가며 속을 비워보면

너무 비우고 다 비워서
길을 가기는커녕
일어서기도 어렵게 된다

욕심을 비우고
쉬엄쉬엄 가라는 말

지나친 욕심이나
너무 서두르는 것을
경계한 말일 뿐

비우기의 역설임을
새삼 깨닫는다

(2024.01.13.)

욕망

참 아름답고 예뻐서
꺾고 소유하고 싶어도
꺾어서도 안 되고
꺾을 수도 없는 꽃

억지로 꺾으려 애쓴다면
불평불만만 쌓이고
마침내 불행을 키우듯

삶과 발전의 계기가 되던
욕망도 분수를 망각하면
절망과 좌절의 쓴맛만
보게 될 뿐이지만

분수를 알고
뜬구름 같은 욕망
줄이고 던져버리면
버린 만큼
오히려 편안한 것을

(2024.01.30.)

현 위치와 시간

먼 길이나 산행을 하다 보면
길 초입이나 중간의 갈림길에
서 있는 길 안내도

지도를 볼 줄 몰라도
현위치와 현재의 시간을 알면
목적지에 도착할 시간을
어느 정도 가늠할 수 있어서

해가 중천이고 갈 길이 멀지
않다면 중간중간 쉬면서
쉬엄쉬엄 가도 되지만
남은 길은 먼데 이미 저물녘이면
서둘러 앞만 보고 달려야 하듯

인생길도 벌써 저물녘인데
목적지가 여전히 아득하다면
곁눈질하기보다 앞만 보고
무작정 달려야 하는 것도
삶의 마땅한 이치 아닐까

(2024.01.08.)

겨울밤

갈 곳도 갈 수도 없고
올 이도 기다릴 이도 없는
인생이 겨울인 노년

겨울밤은 밤대로
여름 낮은 낮대로
짧아도 길어도
길기만 한 밤낮

이것 할까 저것 할까
이리 갈까 저리 갈까
하고 싶고 할 것은 많아도
움치고 뛸 수도 없는 나이

세월은 빠르고
인생은 짧아도
밤낮은
언제나 길기만 하다

(2024.01.04.)

삼일三日

비가 오는 둥 마는 둥
먼지 안개가 범벅된 아침 날씨
천식을 앓는 기관지처럼
답답하고 텁텁하다

찌뿌둥하고 우울한 기분 떨치려
실내를 이리저리 거닐다가
우연히 마주친 벽걸이 달력

어! 벌써 1월 하고도 삼일이네
세맹歲盟도 작심삼일이
되는 날이구먼

세맹조차 벌써 희미해진 오늘
생각난 김에 삼일주기로라도
약속을 다시 환기하려
애를 써보지만

흐릿 우중충한 몸과 마음
괜스레 날씨만 핑계한다

(2024.01.03.)

유종有終의 미

시작이 반이고
시작이 좋아야 끝도 좋다지만
말은 말일 뿐

올라가지 못할 나무
쳐다보지도 말라 했는데
설쳐대더니 꼴 좋다

될성부른 나무
떡잎부터 다르다더니
정말 대단하다

결과가 좋아야 시작도 좋고
결과가 나쁘면 어떤 시작도
나쁘게 평가되는 것이 현실

좋은 평가는
언제나 결과 중심일 뿐

늙을수록 유종의 미를 위해
최선을 다할 수밖에 (2024.01.05.)

절실한 삶

인간은 본의든 아니든
호불호를 떠나 누구나
역사에 남기를 희망지만

밤 잔 원수 없고
날 샌 은혜 없다는 말처럼
역사도 길어지면 작은 일부터
점점 잊히고 큰 획을 그은
자취만 역사에 남게 되듯

인간의 개인적 기억도 추억도
세월이 흐를수록 점점 잊히고
단지 마음에 점을 콕 찍은
일들만 남아서 기억될 뿐이다

개인적인 삶조차 선악 호불호를
떠나 절실하고 강렬했던 삶만
오래 기억될 수 있다면

평탄하고 유유자적한 삶이
역사에 남는 잘 산 삶이
될 수 있을까

(2024.01.24.)

차라리

행복은 욕심을 내려놓고
마음을 비울 때 찾아온다기에

때늦게 등단한 글쓰기에서조차
문단 간부라는 허명의 기대도
문학상 수상이란 어설픈 명예도
글을 써서 돈 벌겠다는 망상도

버리고 접고 내려놓았지만
행복은 여전히 공허한
메아리일 뿐

오로지 문학사에 남을
좋은 작품을 써야겠다는
소망마저 버려야 행복을
얻을 수 있다면

포기의 행복을 얻기보다
차라리 불행해서 행복한
좋은 글쓰기의 불행을
선택하고 싶다 (2024.01.15.)

종점

일정한 구간이나
동안의 맨 끝이 되는
지점이나 때인 종점

가는 방법과
길은 서로 다르고
가면서 바라보는 풍광도
생각도 서로 다르지만

도착해서 돌아보면
어떤 아픔도 고통도
기쁨도 슬픔조차도
마침내 하나의 희미한
그리움이 되고 만다

종점은 그때까지의 과정과
동안의 모든 삶과 회한마저도
애틋한 그리움으로 만드는
요술쟁이인가 보다

(2024.01.26.)

겨울 하늘

한파 주의보 지나간 어느 날
우연히 쳐다본 겨울 하늘

손으로 쓱 문지르면
파아란 하늘이
묻어날 것만 같고

풍덩 뛰어들면
누구나 스머프가 될
것처럼 파랗다

누가 가을하늘만이 맑고
파랗고 아름답다 했던가?

언제든 맑은 날
겨울 하늘을 쳐다보면
그곳에는 봄과 가을과
사계절이 다 있고

파아란 가을 하늘의
아름다움도 사랑도 추억도
그리움도 서러움도
언제나 함께 있다

(2024.01.29.)

바람의 소망

인간의 옷깃을 여미게 하거나
처녀의 치맛자락 드날리고
사람마다 속마음 바람들게
하는 것이 바람의 소망일까

풍조우순이 태평성대의
바로미터였고 모든 사람들이
언제나 소원했지만
태평성대가 드물었던 것은

아마도 태평성대는 인간의
소망일 뿐 바람의 소망은
아니었기 때문만일까

인간 행동이 지구온난화와
이상 기후의 이변을 불러
기대의 역설일 뿐이라면
바람의 소망도 결국 인간이 만든
인간 소원의 역설 아닐까?

(2024.01.24.)

알람

감기는 떨어지지 않고
몸은 찌뿌둥한 아침
좀 더 누워서 뒹굴고 싶어도
어김없이 찾아와
아침을 깨우는 알람

몸이 불편하거나
늦잠을 자고 싶거나
일어나서도 할 일이 없을 때는
알람을 꺼버리거나
잠재우고 싶을 때도 있지만

누구도 함께하거나 관심 없는
독거獨居의 아침
아침 여섯 시를 깨우고
살아 있음을 깨우는
유일한 친구는 알람뿐

오늘도 기침감기로 밤잠 설친 아침
어김없이 아침잠을 깨우는 알람
너는 얄미워서 오히려 사랑스럽고
살가운 나의 아침 친구다 (2024.01.02.)

시인의 안목

시인은 남다른 관점으로
세상과 사물의 이면을 보고
남보다 깊은 사고와
색다른 의식을 가져야 한다

천둥과 번개가 요란한
먹구름 속에서도 파란 하늘의
무지개를 발견할 수 있고

사막에 떨어져 길을 잃고
절망에 빠져 있을 때도
오아시스의 즐겁고 행복한
삶을 노래할 수 있고

태평양 한가운데서 폭풍을 만나
절체절명의 위기에 빠졌을 때도
만선의 기쁨을 환호할 수 있고

전쟁의 포연 속에서도
사랑과 평화의 꽃을 피우고
언제 어디서나 꿈과 이상을
찾을 수 있어야 한다

시는 인생의 모방이면서
새로운 창조니까

(2024.01.21.)

제2부

2024년 02월

아름다운 모습

세상은
있는 대로 보는 것이 아니라
보는 대로 있는 것이다

본다는 것도
눈으로만 보는 것이 아니라
마음으로 생각으로도 본다

만물은 자세히 보아서
예쁜 것도 오래 보아서
사랑스러운 것도 아니다

사랑하는 마음으로 보면
무엇이든 다 예쁘지만
미운 마음으로 보면
어떤 것도 얄미운 며느리의
발뒤축이 된다

아름다운 모습은
사랑하는 마음일 뿐
대상의 본질이 아니다 (2024.02.20.)

설날

누가 설날을
서럽다 했던가?

부모님 다 돌아가시고
많던 형제 자매도
위로는 다 돌아가고

벌써 내 차례가 되어
동생들은 물론 자식들조차
그날만 헤아리는 현실

설날 떡국 먹고 세배받으면
한 살 더한 나이와
그날을 확인하는 것 같아
더 서러워지는 설날

설날이란 이름의 유래가
'서럽다'에서 왔다는 말
참으로 명도로다

(2024.02.10.)

수인사修人事

한마디 말이 천 냥 빚을 갚듯
진심을 담은 수인사는
인간관계를 새로 맺고
인생의 성패를 결정하는
윤활유자 접착제다

중요성은 누구나 알지만
누구도 잘하지 못하는 수인사

평소에 연락 없던 사람들조차
명절날 수시로 주고받는
수많은 문자와 안부 전화
오히려 성가시고 귀찮기도 하지만

진심과 성의가 담겼든 말든
형식에 치우친 문자조차도
서로의 마음을 열고 전하면
만복은 저절로 따라올 뿐

(2024.02.10.)

연장전

축구 경기에 있는 연장전이나
lose-time이 인생에는 없다지만
실제로는 윤년 윤달 2월달의
많은 루즈타임과 연장전이 있고

축구의 연장전이나 루즈타임에서는
그때까지의 경기에서 이루지 못한
성패를 뒤집는 경우가 많지만
인간 삶에서는 연장된 시간을
인식도 사용도 못할 뿐이다

축구나 인생에서 정규 시간을
제대로 사용하고 활용한다면
연장전은 덤이거나 없어도
그만인 시간일 뿐이라면

인생도 연장전이나 루즈타임을
기대하고 투덜대기보다 주어진
시간만이라도 제대로 활용하는 것이
오히려 잘 사는 삶의 방법 아닐까

(2024.02.08.)

몽돌

모양도 크기도 다양하지만
어느 것도 예쁘고 사랑스럽지
않은 것이 없는 몽돌
애당초부터 몽돌은 아니었다

갯바위나 모난 돌이 하나의 몽돌이
된 것은 억겁의 세월 동안 햇빛과
파도와 비바람의 끊임없는 단련과
정성과 시련과 인내와 고통이 한데
어우러진 기다림의 결과일 뿐

시인의 멋진 시 창작이나
미술가나 도공이 아름다운
도자기나 그림을 만들고
그리기도 지난한 힘든 과정을
참고 견뎌야만 하듯

세상의 아름답고 사랑스러운 것은
어떤 존재도 천지조화와 그만한
대가의 결과일 뿐인 것을

(2024.02.22.)

이전투구泥田鬪狗

검둥개 흰 개가 서로 잘났다
진흙밭에서 물어뜯고 싸우면
마침내 둘 다 진흙투성이의
똥개가 될 뿐이듯

정치인들도 정책을 통한 최선의
정치를 펼치기는커녕
무조건 상대 당의 단점만 찾아내어
나쁜 놈 못난 놈 침소봉대하다가

선거철만 되면
유권자는 덜 나쁜 차선이 아니라
최선의 인물을 뽑고자 하는데
입후보자는 장점을 부각하기보다
상대의 단점만 부각시키려는
동상이몽의 이전투구만 일삼는다

아마도 정치인들은 똥개들처럼
장점은 없고 단점만 있는 개과에
속하는 인물들이기 때문일까

(2024.02.17.)

장마진 우수

눈이 비가 되고
대동강물도 풀린다는
우수에 내리는 비
한해의 풍년을 예고하지만

우수 전부터 장마지면
가뭄으로 애태우는 우수처럼
기대의 우수雨水가
실망의 우수憂愁되고 말 듯

무엇이든 제때 적당해야
도움이 되고 고마운 것이지
아무리 필요하고 좋은 것도
지나치거나 모자라면

오히려 성가시고 불편해서
비난의 대상이 되는 것은
절후나 인생이나
마찬가지일 뿐

(2024.02.19.)

풍경 감상

삶이 낮고 좁으면
우물안 개구리가 되고
높으면 멀리 볼 수 있어서
넓은 안목을 가질 수 있듯

풍경도 높은 곳에 올라
멀리 바라봐야 더 멋있다

낮고 가까우면 사방이 막혀서
부분만 볼 수 있을 뿐
전체를 볼 수 없지만

높은 곳에 올라 바라보면
막힌 곳이 없어서 전체와
사방을 둘러볼 수도 있다

풍광이 좋은 곳마다
곳곳에 높은 전망대를 세우고
높은 곳에 올라가서 풍광을
감상하려 하는 것이나

사람이 끊임없이 높은 자리에
오르려 애쓰는 것도
같은 이치 아닐까

(2024.02.20.)

절치부심切齒腐心

승부에서 패배하면
누구나 부끄럽고 분하여
권토중래를 꿈꾸지만
성공한 사람이 적은 것은

패배를 만회하려면
그만큼의 대가를 지불해야
마땅함에도 욕심만 앞세울 뿐
노력과 인내는 하지 않기 때문

옛날 월나라 구천은 복수하고
권토중래하기 위해 스스로
와신상담을 실천했기에
마침내 뜻을 이루고 복수했듯

오늘날의 어떤 경우도
진정으로 권토중래 하려면
욕심이나 말만 앞세우기보다
오히려 절치부심이란 노력의
대가를 지불해야 하는 것 아닐까

(2024.02.12.)

한밤의 백일몽

늦게 잠자리에 들수록
전전반측 전전불매
쉽게 잠들지 못하는 밤

우연히 떠오른 반가운 시상
흩어지기 전에 잡을 욕심에
눈감은 채 쓰고 고치면서

다음 날 아침 잊지 않도록
몇 번이나 되고까지 하다가
자신도 모르게 깜박 든 잠
깨어보니 벌써 아침

하얗게 지워진 간밤의 일
되살리려 애를 써보지만
끝내 생각나지 않는 시상

억울하고 분해서 머리만 치다가
아마도 늙으면 밤에도 백일몽을
꾸는구나 스스로 위로할 뿐

(2024.02.19.)

졸업식

해마다 2월이면 집중되는
우리나라의 온갖 졸업식
옛날에는 웃음 반
눈물 반이었지만

오늘날은 유치원 졸업식도
본가와 외가가 총출동하는
축하와 웃음의 꽃밭이다

옛날의 졸업식은
진학과 비진학이 엇갈리고
헤어지면 다시 만나거나
연락도 어려워서 인간관계도
끝나는 의식이었지만

오늘날은 희망하면
누구나 진학하고
언제든지 연락하고 쉽게 만날
수도 있기 때문이라면

한 번 헤어지면 영원히

다시 못 보거나 만날 수도 없는
현대의 인생 졸업식에서도
웃음이 꽃피는 꽃밭인 것은
AI 휴대폰 탓만일까

(2024.02.28.)

옥녀봉

감천 앞 바다를 굽어보면
저절로 파란 꿈이 영글고
건강과 사랑이 자라던 옥녀봉*
중턱의 바위 언덕

마음속이 들끓어 비바람 불고
풍랑 일어 괴롭고 우울한 기분
떨치기 힘들고 절망할 때나

나른한 햇살 환상을 자아내면
무엇인가 그리워 안달하는 마음
어쩌지 못할 때
언제나 찾아가던 옥녀봉

썰물 지나간 바닷가처럼
휑하고 쓸쓸한 명절 끝

원인 모를 그리움과 애달픔
주체치 못해 희미해진
추억 찾아 둘러본 옥녀봉
바위는 여전해도 허전함은 매한가지 (2024.02.13.)

* 옥녀봉 : 부산 감천동의 산봉우리 이름

몰가부沒柯斧

원효가 부르지 않으면
몰가부가 될 수 없고
요석공주가 없다면
설총이 태어날 수도 없듯

시인이 시집 출간을 위해
아무리 몰가부를 불러도
어떤 화답가도 없는 것은

시인이 원효가 아니고
문화재단이 요석공주가
아니기 때문이거나
불기不器면 부전不傳
하기 때문이 아니라

어중이떠중이의 심사와
부화뇌동 하는 부조리의 집단을
낭만적으로 착각한
요령부득의 숙맥 때문 아닐까

(2024.02.16.)

아이러니한 새 양복

매일 양복이란 정장을
요구받던 젊은 시절의 직장

멋진 새 양복은 자존심이고
꿈이었지만 현실은 특별한
날만 입던 귀한 옷이었다

아들딸 시집 장가 갈 때
기념으로 새로 장만한
봄 가을철 새 양복
정년할 때 기념으로
새로 장만한 겨울철 새 양복

행사가 끝난 후에는 더 이상
양복을 입어야 할 일도
때도 없어 지금은 옷장 중앙에
도열 해서 햇빛 보고 나들이
갈 때만 기다리는 신세

진정 필요하고 있어야 할 때는
없다가 필요도 없고 없어도

그만일 때는 흔해서
도리어 성가시고
처리 곤란한 새 양복

옷이나 사람이나 삶과 때가
어긋나고 아이러니한 것은
마찬가지인가 보다

(2024.02.17.)

노익장老益壯

노욕은 늙은이들이 부리는
욕심이나 도를 넘는 과욕이자
인간의 3대 욕구보다 추하고
무서운 욕심이지만

세계를 호령하는 미국 등
세계 3대 강대국의 지배자가
고령을 넘어서자 노욕老慾을
노익장으로 포장하는 세상

약소국은 물론 세상 노년들
모두 자신의 노욕을 노익장인 줄
착각하고 오히려 노욕을 키우며
스스로 추한 노욕을 미화한다

노익장은 자신의 나이와 분수와
때를 알고 제때 뒤로 물러나
젊은이들을 돕고 격려할 줄
알아야 진정한 노익장 아닐까

(2024.02.14.)

권력의 아이러니

권력은 힘이고
힘이 커질수록
권력도 커지지만

절대권력인 왕권도
백성을 위해 힘을 베풀고
사용하면 왕권이 강화되지만
자신과 왕권 강화만을 위해
힘을 사용하고 베풀면
오히려 권력이 약화 되듯

세상의 어떤 권력도
남과 아랫사람을 위해
권력의 힘을 베풀고 사용하면
권력이 강화되고 높아지지만

자신과 권력을 강화하기 위해
힘을 사용하고 베풀면
도리어 권력의 약화는 물론
마침내 권력을 잃게 되는 것도
역사의 증언 아닐까 (2024.02.16.)

효와 불효의 모순

효를 행해야 하고 필요할 때는
효와 불효를 알지 못하고
이미 때가 늦어 행할 수 없을
때만 알게 되는 효와 불효
상호 모순의 아이러니다

부모가 살아 있을 때는
풍수지탄을 알면서도
오히려 보살핌의 부족만
불평할 뿐 효를 행하지 못하고

자신이 죽은 부모보다 더 늙고
봉양을 받아야 할 때에야
불효를 깨닫지만
이미 때가 늦었다

효와 불효는
받고 싶을 때만 알 수 있고
행해야 할 때는 알 수 없는
언제나 모순의 존재인가 보다

(2024.02.02.)

만남과 이별

해와 달이나 밤과 낮은
매일 만나지만 매일 이별하고
계절도 해마다의 만남과
이별이 섭리일 뿐이라면

만남은 누구나 환호하고
이별은 누구나 싫어하지만
만남과 이별은
서로의 전제일 뿐이라서
호오好惡할 필요가 없듯

인간의 만남과 이별도
번복되고 반복되는 것이
만물의 삶과 죽음처럼
자연의 섭리일 뿐이라면
호오할 대상도 이유도
없는 것 아닐까

(2024.02.02.)

삶과 죽음의 아이러니

백세 넘은 사람들
'그만 죽어야지' '빨리 죽고 싶다'
모두 거짓말이듯

생을 받은 모든 존재는
누구나 죽음을 두려워하고
나이가 많을수록 젊은 사람보다
더 오래 살고 싶어 한다

늙은 사람은 누릴 만큼 누렸고
더 이상 희망과 기대가 없어도
젊은 사람은 누린 것도 없고
미래의 기대와 희망이 더 크기
때문에 죽음은 언제나
늙은 사람보다 더 안타깝지만

먹어본 놈이 뭐든 잘 먹는다는
농담처럼 늙을수록 더 오래
살려 하고 젊을수록 이상을 위해
오히려 초개처럼 목숨을 던져서
삶과 죽음은 언제나 아이러니할 뿐 (2024.02.04.)

겸손

남을 존중하고
자기를 내세우지 않는 태도를
겸손이라 말하지만

잘나고 힘센 사람 앞에서는
자신을 낮추기 쉬워도
힘없고 못난 사람 앞에서는
낮추기 어려운 겸손

진정한 겸손은
자신의 분수를 알고
어떤 사람 앞에서든지
자기 분수보다 자신을
낮추는 태도와 마음일 뿐

힘의 고하에 따라서
달라지는 겸손은
겸손이 아니라
오히려 비겁함이거나
교만일 뿐

(2024.02.27.)

제3부

2023년 10월

길손

아무리 길어도 짧고
짧아도 긴 인생길

먼 길 가는 나그네
눈썹도 빼놓고 간다는데
무거운 짐 내려놓고 가라 하네

무겁게 지고 온 짐도
지고 갈 짐도 없는데
자꾸만 내려놓고 쉬어 가라네

가는 길은 끝나 가는데
가진 것도 내려놓을 것도 없고
매일이 쉬는 날일 뿐이라면

비록 깃털처럼 가볍다 해도
이름 석 자만이라도 남겨놓고
갈 수 있다면 무슨 여한

남긴 이름조차
산 자의 몫일 뿐이고
그마저 부질없는 욕심일지라도 (2023.10.07.)

나들문

어디든 나드는 곳마다
반드시 있는 나들문
심우도尋牛圖의 소다

욕심이 경계를 짓고
담을 쌓자 나드는 문이
필요해서 만들었을 뿐

소를 잃지 않았으면
찾을 이유도 없고
찾아온 뒤에야
잃지 않았음을 깨닫듯

문은 욕심이 만든
마음의 경계일 뿐

담을 쌓지 않으면
문을 만들 이유도 없고
나들문의 존재도 이유도 없다

(2023.11.02.)

분재盆栽와의 사랑

인간은 사랑과 정성을 다한 만큼
분재도 인간을 위해 아름답게
꽃피기를 기대하지만

본의 아니게 작은 화분에 심어져
모든 자유를 박탈당한 분재
주인의 기분을 위해 봉사할 이유도
보답할 마음도 없기에 여간해서는
아름답게 꽃피지 않는다

인간만이 독단과 아집에 빠져
스스로 분재를 위해 정성을 다하고
짝사랑했다 투덜대며 까탈스럽다
분재를 나무라고 흉볼 뿐이지만

저 혼자 그대로 두어도 때마다
저절로 꽃피고 아름다운 자연

진정 분재와 자유를 사랑한다면
차라리 서로의 행복과 자유를 위해
화분을 깨뜨리는 용기가 필요할 뿐 (2023.10.08.)

어떻게 살까?

인생은 뜬구름이 일어나는 것이고
죽음은 구름 한 조각 흩어지는 것일 뿐
본래 실체가 없는 것이라 한다

그래서 어떻게 살아야 할까
인생이 아무리 실체가 없다 해도
일어나고 흩어짐도 다 이유가 있고
뜬구름도 흩어질 때까지
본의든 아니든 떠 있어야 한다면

오늘의 삶은 일어남이자 현실이고
흩어짐과 죽음은 내일일 뿐이라서
오늘은 흩어질 때까지
나름의 의미를 부여하고 만들면서
최선을 다해야 일어날 때의 이유와
의미를 다하는 것 아닐까

어차피 흩어짐은 어쩔 수 없고
흩어짐은 내일일 뿐이라면
오늘은 오늘을 위해 최선을 다할 뿐
흩어짐은 내일에 맡겨둔들 어떠리 (2023.10.20.)

상생相生

원수 사이라는 개가
고양이나 호랑이 새끼에게
젖을 먹이고

닭이 강아지를 품어주고
강아지가 병아리를 쓰다듬으며
함께 어울려 잘도 산다

동물은 생존을 위해
서로 잡아먹고 먹히지만
배가 부르면 더 이상 서로
해치거나 먹지도 않는데

인간은 힘을 가질수록
배가 부를수록
무엇이든 끝없이 죽이고
빼앗으며 인정사정 없다

인간은 스스로 만물의
영장이라 뻐기고 자랑하지만
짐승만도 못한 삶
오히려 부끄럽지 않을까 (2023.10.17.)

화려한 부활

박수근 화백 미술관에 가보면

민중들의 힘들고 척박한 삶을
사실적이고 진지하게 표현하여
도리어 절실함을 높이고

재질과 독특한 기법을 통해
그림의 입체성을 더하고
그림마다 따뜻한 느낌을 넣어서

화려함을 몰랐던
보통 사람들의 평범한 일상이
오히려 화려하게 부활하듯

박수근은 당시 다른 예술가들처럼
입에 풀칠하기도 어려워서
치료 못한 병으로 생을 마감했지만

작품은 작가 죽은 지 백 년도
안 되어 일만 배의 가격으로
화려하게 부활한다 (2023.10.23.)

성지곡 수원지의 잉어

파아란 하늘 울창한 숲
산과 하늘이 내려앉은 수원지
어느 쪽 어느 곳을 돌아봐도
곳마다 무릉도원과 별천지

수원지 둘레길에는
사람이 많이 모여서 내려다보는
곳마다 잉어 떼들도 모여들어
물 반 고기 반

작은 잉어부터 어른들의
팔뚝보다 크고 굵은 잉어들
먹이를 던지지 않고 손짓만 해도
서로 먹이를 차지하기 위해
몸부림치며 아귀다툼

진정한 무릉도원은 자연풍광이나
환경에 있는 것이 아니라 그곳에
사는 존재들이 생존경쟁 하지
않아도 언제나 배부르고 누구나
자유를 누리는 그런 곳 아닐까 (2023.10.19.)

시대착오

늙고 병들어 몸져누운 홀 시아버지를
남들의 수군거림도 아랑곳하지 않고
십 년 넘게 지극정성으로 봉양하는
찢어지게 가난한 집안의 청상과부

삼순구식하는 처지에 추석 명절을 맞아
조상 차례를 위해 어쩔 수 없이 친정집
담을 넘어 겉보리 등을 훔쳐 나오는 딸
우연히 목격한 아버지의 안타까움

다음 해 또 흉년이 들었을 때 딸의
기막힌 처지를 걱정한 친정아버지가
딸 몰래 문간에 고구마를 가져다 두다가
딸에게 붙잡혀 통곡했다는 옛날이야기

딸의 기구한 운명과 지극한 효성에
가슴 메고 아버지의 애절한
딸내미 사랑이 눈물겹다면

이미 때가 아닌 시대착오적 사고와
현실에 무지한 웃픈 감상일 뿐일까 (2023.10.02.)

잘 사는 법

결과 중심인 세상과 역사에서
잘 사는 삶은 오래 사는 것보다
잘 죽는 것이다

평생토록 아무리 큰 공을 세우고
충성을 다해도 말년에 실수하거나
반역하면 무능력자나
반역자로 낙인찍히지만

평생이 변변치 않아도 말년에
큰 공을 세우거나 국가와 민족을
위해 죽으면 영웅이나 충신이나
애국자로 남는다

잘 사는 방법은 일상의 삶을
잘 사는 것보다 마지막에
잘 죽는 것이 더 중요하다

열녀도 남편을 위한
평소의 사랑과 정성이 아니라
남편이 죽을 때 단지를 하거나
함께 가겠다며 목매달아 죽어야
열녀가 되었던 역사처럼 (2023.10.25.)

전시장 가던 날

시화 전시회 소식 듣고
앉은뱅이 용쓰듯 애만 태우다가
암탉이 병아리를 거느리듯
일가족 이끌고 찾아간 전시장

흐린 날씨에도
낮게 드리운 하늘과
일망무제의 바다와
누리마루의 멋스러운 모습에
마음 추스르며 둘러보는 전시장

가는 날이 장날이란 말처럼
전시장을 다 둘러보기도 전에
갑자기 쏟아지는 설마 했던 빗줄기

전시된 시화는 비에 젖고
시를 보던 나는 시에 젖지만

불평하던 가족들도
오랫동안 잊지 못할 비 맞은
생쥐의 추억 하나 만들었을는지 (2023.10.09.)

전쟁戰爭

아놀드 토인비가 인류의 역사를
도전과 응전이라 정의했듯

오늘도 지구촌 곳곳에서는
죽이고 죽는 포성이 끊임없지만
국가 사이의 전쟁은 언제나 힘을
가졌고 가졌다고 착각한 나라가
약한 나라를 공격해서 시작된다

명분은 언제나 정의와 자유와
종교적 신념 등이지만
전쟁의 결과와 이익을 챙기는
쪽을 보면 겉으로 드러나고
주장하는 명분과는 항상 다르다

전쟁은 언제나 나름의 명분과 이유를
내세우지만 결국 힘을 가진 자들의
욕망과 욕심을 채우기 위해 약자의
작은 것을 약탈하는 비열한 행동이거나
약자의 억울한 고통과 슬픔일 뿐

(2023.10.18.)

한중한閑中閑

해야 할 일이 많아
바쁘고 힘들기만 할 때
바쁜 가운데 즐기는
망중한은 삶의 기쁨과
행복을 더하는 꿀맛이지만

막상 은퇴하여 하고 싶어도
할 일도 없고 할 수도 없어
강제로 주어진 한중한은
바쁘게 일하던 시절이
도리어 즐겁고 행복했다
그리워지는 처치 곤란한
일상일 뿐

망중한忙中閑이 삶의
엑센트와 기쁨이라면
매일이 공휴일인 한중한은
오히려 처리하기 힘든
매일의 일이거나 고통이다

(2023.10.10.)

해평 도리사

아도화상이 겨울에도
도리화 피는 길지에
세웠다는 신라 최초의
절간이라는 해평 도리사

도리사 일주문에 기대서서
아도화상이 손가락으로
가리키는 곳에 세웠다는
직지사 쪽을 바라보면
천년을 넘어
오늘도 흰 구름 한가한데

도리화 곱게 피는 도리사
적멸보궁 높은 곳에 올라
석가세존 진신사리에 절하면

봄마다 중생의 가슴속에도
불심과 신심이 꽃처럼 피어나고
세상만사 근심 걱정
어제인 듯 저절로 사라진다

(2023.10.31.)

후회後悔

사람은 죽는 날까지
누구나 지난 시간을
계속 후회하면서 살지만

인생은 누구도 내일을
장담할 수 없는 것이라서
어차피 오늘이 마지막 날이라면

후회할 어제는 있어도
돌이키고 고치거나 후회해서
좋아질 내일은 없다

후회는 더 나은 내일을 위해
필요할 뿐 내일을 장담할 수
없는 것이 오늘이고 인생이라면

지난날을 후회만 하거나
내일을 위해 사과나무만 심기보다
주어진 오늘에 후회 없는 삶을 살고
최선을 다하면 그뿐 아닐까

(2023.10.16.)

잎새의 증언

계절에 따라 변하는 나무 잎새
인생 사고四苦와
사계四季의 증언이다

인간이 생로병사의 사고를 겪으며
아이와 청춘과 장년과 노년과
죽음으로 끊임없이 순환하듯

잎새도 아가의 조막손 같은
떡잎을 내밀어 봄을 환호하고
여름에는 무성한 잎과 짙은 그늘로
생의 절정을 구가하지만

마침내 피멍 든 얼굴로 떨구는
눈물처럼 가을을 아파하다가
인간처럼 한 줌의 흙이 되어
삶의 순환과 겨울을 반복할 뿐

나무 잎새의 사계는
세상 만물의 사고와
순환과 변화의 증언 아닐까 (2023.10.21.)

동행同行

산행 도중 갑자기 가려운 등
긁으려 해도 팔이 돌아가지 않아
길섶의 소나무에 문질러도
손에 든 스틱 손잡이로 긁어도
여전히 시원치 않다

젊은 시절은 무엇이든
혼자 할 수 있고 편해서
혼자 사는 것이
오히려 더 좋았는데

나이가 들어가자
효자손이 왜 효자손인지
동행이 왜 필요한지
새삼 깨닫고 배운다

남은 길은 누구도 알 수 없으니
등이라도 서로 긁어줄 수 있는
동행은 어설퍼도 성가셔도
언제나 시원하고 따뜻하다

(2023.10.19.)

선현先賢의 경계

선현들은 제자가 하산할 때
항상 혀끝 좆끝 발끝 세 끝을
조심하라 경계했다

혀 밑에 도끼 들었다는 속담이나
미투나 성범죄 등의 현실을 통해
혀끝 좆끝 경계는 이해가 되었지만

발끝 경계는 무슨 뜻인지
도무지 이해되지 않았다

최근 문인의 숫자가 급속도로
확대되는 문단에서 우후죽순처럼
만들어진 그룹과 단체

글쓰기보다 세를 불려 감투나 쓰고
수상도 하겠다는 쭉정이 문인들의
우왕좌왕 부화뇌동하는 모습

마침내 선현들의 발끝 경계의
의미와 이유도 깨닫게 된다 (2023.10.29.)

오영수 문학비

문단에서 감투를 쓴 적도
큰 상을 받은 적도 없지만
죽은 후 공공기관에서 세워
문학작품과 업적을 기리는
부산 기장 갯마을의
오영수 문학비

잘 쓴 작품은 억지로 자랑하거나
감투나 수상으로 분식하지 않아도
저절로 빛나고 영광스럽다 한다

작품보다 감투나 수상으로
이름을 남기려는 작가에게는
반면교사가 되고
아무리 노력해도 감투는커녕
수상조차 못해 좌절하는 작가에게는
격려의 타산지석이 되어

문학만을 위해 일상의
즐거움과 행복을 던져버리고
끝없이 정진하는 작가들에게
깊은 감동과 울림을 준다 (2023.10.28.)

가을 달

구름은커녕 티끌 한 점 없는
중천에 높이 뜬 가을 달

너무 물 맑으면 물고기 꼬이지
않듯 하늘이 너무 맑고 밝아
달 주변에는 별도 은하수도
구름조차 몸을 숨겼다

가을 하늘 밝은 달은
어느 계절의 어떤 달보다
맑고 밝고 아름답다지만
보는 사람의 마음일 뿐

맑은 얼굴 뒤에 얼룩덜룩
알 수 없는 검은 그림자
어느 누구도 알려하지도
알지도 못한다

어떤 친구도 없는 도회지의
높은 하늘 가을 달
너무 맑고 아름다워서
오히려 외롭고 고독할 뿐　　　　(2023.10.27.)

공空사상

언어의 상대성과 모순을
변증법적으로 추리한
결과로 나타난 공사상

가면 오고 오면 가서
오지도 가지도 않는 것이
있다는 말도

있는 것이 더 있어 없는 것이 되고
없는 것이 더 없어 있는 것이 되어
있는 것도 아니고 없는 것도 아니며
아닌 것이 인 것이고
인 것이 아닌 것이라는 말도

언어가 가진 상대성과 모순을
이용해서 추리된 말장난일 뿐
말의 모순과 추리를 깨뜨리면

산은 산이고 물은 물이라는
성철 스님의 말씀처럼
오도 가도 않는 것이 있거나

없는 것이 있는 것이 되거나
아닌 것이 인 것이 되지는 않는다

세상은 우주도 지구도 돌고 돌아서
해 지면 달이 뜨고 달 지면 해가 뜨고
달도 차면 기울고 기울면 다시 차듯

계절도 밤낮도 세상 만물도
머리와 꼬리가 서로를 물고 돌아서
끊임없이 변하고 순환할 뿐

(2024.02.26.)

제4부

2023년 11월

이별하고 싶다

헤어짐은 만남이 전제지만
이별은 사랑이 전제다
사랑이 없으면 이별도 없다

사랑이 진하고
절실하고 간절할수록
이별은 슬프고
아프고 안타깝다

이별이 죽을 만큼 아프고
슬프고 괴롭다면
사랑이 그만큼 진지하고
절실했다는 증거일 뿐

그런 이별이라면
아무리 슬프고 아파서
죽을지라도

오늘도 내일도
매일매일 이별하고 싶다
사랑이 이별의 전제니까 (2023.11.20.)

기도

욕심을 줄이고 비우면
저절로 행복해진다

복 많이 받고 건강하게 살고
행복하게 해 달라
기도하지 말자

욕심은 채울수록 더 커져서
끝내 다 채울 수 없고
오히려 더 부족함만 느낀다

차라리 그럴 시간에
더 열심히 운동하고
노력하고 일하자

그래도 남는 시간이 있으면
욕심을 줄이고 비울 수 있도록
도와 달라 기도하자

욕심을 줄이고 비우면
가진 것만으로도
언제나 행복하다 (2023.11.02.)

눈 씻김

월간 문학도시 11월호에 실린
지역 문학 교류전의 초대 작품
심청전의 심봉사 개안하듯
시원한 눈 씻김이다

바다와 태산을 보지 않고
물과 산을 보았다 말하지
말라던 공자님의 말씀처럼

부산지역 작가들의 작품들만
보고 잘 잘못을 평가하고
내로라하던 모습들이 부끄러워
얼굴은 갑자기 모닥불 피우고

세상은 넓고 잘 쓰는 작가와
작품은 언제 어디든 많다는
신선한 반성과 깨달음
누에 눈을 왕눈이 만든다

(2023.11.15.)

늦가을 송도 해수욕장

바람 자고 햇볕 살가운 늦가을
송도 해수욕장 해변에 나가보면
제법 많은 사람이 모였으나
첨벙대며 왁자하던 여름과 달리

더러는 해변 벤치에 앉아
해변을 가로지르는 케이블카와
바다만 바라보기도 하지만

청춘 남녀들은 서로 팔짱 끼고
하얀 백사장을 거닐며 둘만의
새로운 추억을 만들고

노년은 신발 벗고 맨발로
차가운 물가를 걸으며
밀려오는 파도에 발을 적시고
철석이는 파도 소리 따라
뜨겁던 여름날의 추억을 소환한다

사람마다 해변을 즐기는 방법은
서로 달라도 추억을 만들며
환하게 즐기는 모습은 매한가지 (2023.11.15.)

배고팠던 추억

가난해서 배고팠던 추억은
금수저로 태어나서
지금도 배부른 사람들과는 달리

가난을 벗어난 뒤에도
요리마다 모자랄까 걱정되어
손 크다 할 만큼 많이 준비하고
많아서 남겨야 할 음식은
아까워서 다 먹어 치우며
맛있는 음식을 만나면
언제나 과식해서
결국 온갖 질병을 부른다

가난해서 배고팠던 추억은
근검절약을 통해 부를 일구는
초석과 삶의 질을 개선하는
계기가 되기도 하지만
동시에 건강을 해치는
온갖 질병을 부르고 더하는 것은
배고팠던 부자의 운명이자
아이러니 아닐까 (2023.11.22.)

백구白鷗

물가에 선 백구야
소나무 위에 집을 짓고
소나무처럼 지조를 지키며
아무리 야위어도 청빈과
가난을 숭상한다는 너를
흰 구름처럼 유유자적하는
선비의 표상이라 칭찬했는데

요즘은 물가에만 서면
먼 산을 바라보기는커녕
왜 물 밑의 물고기만 곁눈질하는
사시가 되었느냐 꾸짖으면

우리는 먹고살기 위해
어쩔 수 없이 곁눈질하지만
자칭 선비라는 문학인들은
배가 부를수록 작품 쓰기보다
오히려 감투와 수상에만 전념하니
염불보다 잿밥에만 침을 흘리는
비열한 존재들 아닌가 하고
도리어 비난한다 (2023.11.01.)

상가喪家집 개

주인의 돌봄을 받지 못해
굶주려 초라해진 개와 같은
모습을 빗댄 상가지구喪家之狗

인간의 가련한 삶과 그에 따른
피로와 고단함의 은유적 표현
사마천의 사기에서는 공자님의
팔자조차 상가지구라 평가했다

문학인들이 특별한 이유도 없이
남의 단체나 행사에 얼굴 내밀고
이름 거는 것도 목적과 사정이야
무엇이든 공자님의 팔자 되기 십상

시간이 녹스는 무료한 날
오늘도 00행사에 함께 가자는
유력 인사의 친절한 유혹
반가움보다 과전불납리를
먼저 되새겨 볼밖에

(2023.11.18.)

구두쇠의 역설

가난뱅이가 돈을 잘 쓰면
허풍쟁이라 놀리고
부자가 돈을 아끼면
구두쇠라 비난하지만

부자는 구두쇠이기 때문에
부자가 되었고
가난뱅이는 허풍만 떨다가
도리어 더 가난해져도
평가는 언제나 현실만 남는다

부자는 아무리 구두쇠라도
가난한 풍쟁이보다 잘 베풀고
가난한 풍쟁이는 아무리 잘 써도
구두쇠 부자만큼 못 베푼다면

부자를 구두쇠라 욕하기보다
부자라서 오히려 더 많이
베풀 수 있는 구두쇠가
진정한 풍쟁이 아닐까

(2024.02.08.)

야구 관람(한국시리즈)

각 팀에서 내로라하는 야구선수
아홉 명씩 출전하여 최선을 다하지만
단기전의 승부는 팀이나 개인의
능력과 노력만으로 결정되지는 않는다

어느 한쪽 팀이나
양쪽이 다 잘하거나 못해도
승부는 어느 한쪽 팀의 능력이나
노력보다 어느 한쪽의 실수나
어느 한 선수의 특별한 선전으로
결정되는 경우가 더 많다

인생의 성공 여부가
개인의 능력이나 노력보다
타고난 운명과 무관하지 않듯

스포츠 경기의 승부 결정도
운칠기삼이란 인생살이 전반의
승부 결정 과정과 별반 다르지
않음을 새삼 깨닫는다

(2023.11.08.)

부산 엑스포 유치 결과

국운의 새로운 도약을 위해
꿈을 꾸던 부산 엑스포 유치
세계는 여전히 경제와 자본에
지배당하는 비극적 세상임을
확인시켰을 뿐 사우디의 물질
공세에 무릎을 꿇고 말았다

약육강식의 현실에서 겉으로는
돈보다 자유와 번영의 가치와
비젼이란 새로운 세계 질서를
내세우지만

속으로는 4조 남짓 투자하면
49조원의 경제 효과를 거둘 수
있다는 욕심을 드러낸 이상과
목표의 이율배반적 태도

어느 나라나 자국의 경제 이익을
우선시하는 현실의 벽을 고려하면
애초부터 부산 세계엑스포 유치는
수단과 방법이 잘못된 꿈이었다

그러면서도 국민을 기만하고
국력을 낭비하면서 야단스럽게
엑스포 유치를 부르짖으며
애드벌룬을 띄운 것은

오로지 정치적 목적뿐이었다
비판하면 나만의 잘못된
시각과 현실 인식일 뿐일까

(2023.11.29.)

유유상종類類相從

끼리끼리 모이는 유유상종
긍정보다 부정적 인식이
더 강한 말이듯

현실에서도 유유하면
상종이 편하고 자연스럽지만
이념이나 신념의 동질성 없이
단지 서로의 목적만을 위해
상종하면 도리어 고통이 된다

정치인들이 끊임없이 분열하고
계파를 형성해서 다투면서도
상종하는 것은 오로지
이권을 위한 수단일 뿐이듯

온갖 이유와 명분으로 만들어지는
수많은 단톡방이나 문인 단체도
모두가 유유하지 않지만 계속
만들어지고 상종하는 것도
감투와 사소한 이권 때문 아닐까

(2023.11.14.)

장자長者

옛날에는 큰 부자가
베풀기를 잘하면
장자라 했지만

많아서 잘 베푸는 것은
누구나 할 수 있고
남아도는 것을 베푸는 것은
진정한 사랑이 아니기에
장자라 하는 말이 부끄럽다

진정 베푸는 것은
나에게도 부족하지만 나보다 더
부족한 사람을 위해 나의 희생을
감내하며 베푸는 것일 뿐

오늘날 장자는 빈부에 상관없이
자신의 분수에서 자신보다 어려운
사람을 위해 희생하고 봉사하고 베푸는
마음과 사람이 진정한 장자 아닐까

(2023.11.27.)

입동立冬

올해의 입동은 이름값을
하려는지 제법 쌀쌀하지만
대한이 소한 집에 놀러 갔다가
얼어 죽었다는 농담처럼

입춘에 춥지 않고
입추에 덥지 않은 절후가 없어
이름값 하는 절후가 드물지만

한 해가 지나서 돌아보면
절후가 실제의 날씨보다
한 절후 정도 앞서 있을 뿐
계절의 변화를 크게 벗어난
절후는 없다

절후의 어긋남은 선인들이
유비무환 정신을 담아 미리미리
계절의 변화에 대응하라는
노파심의 결과였다고 생각하면

어긋난 듯 어긋나지 않고

맞는 듯 맞지 않는 절후의 배치
후손을 위한 선인들의 거룩한
배려의 마음 아닐까

(2023.11.08.)

푸른 낙엽

늦가을인데도 단풍 들지
못하고 떨어지는 푸른 낙엽

이상기후 기상이변 라니냐
엘리뇨 탓이 아니라
인간이 지구 환경의
곶감만 빼먹은 탓이란다

곶감이 아무리 달고 맛있어도
지나치면 변비가 생기듯
화석연료 사용이 곶감처럼
우선 먹기는 좋아도 마침내
기상이변이란 지구환경의
재앙을 가져올 뿐이라면

푸른 낙엽은
세상 어떤 것도 공짜가 없어
소 잃고 외양간 고치지 않으려면
기후도 그만한 대가를 지불해야
한다는 마지막 경고 아닐까

(2023.11.23.)

회춘 비결

삶의 행복은 나이에 따라
조건과 이유가 달라진다

어린 나이는 엄마만
청춘은 사랑하는 사람만
있으면 행복하고
장년은 돈만 있으면
만사형통이지만

금전적 시간적 여유와 관계없이
스스로 끼니 챙기는 것보다
남이 챙겨주는 집밥이 더 좋고
혼자보다 여럿이 모여 노는 것이
더 좋은 사람은 이미 노년이라면

회춘과 행복의 비결은
스스로 끼니를 챙기고
외식을 더 좋아하며
혼자 놀고 사는 방법을 배우고
즐겨야 가능한 것 아닐까

(2023.11.10.)

천당의 아이러니

누구나 가고 싶어 하지만
그곳에 가기 위해 빨리 죽기를
희망하는 사람이 없다는 천당

개똥밭에 굴러도 이승이
저승보다 낫다는 말처럼
천당이 아무리 좋아도
이승보다 좋지 않다는 생각은

어쩔 수 없이 저승에 가야 한다면
다른 곳보다는 천당이 좋겠지만
상상하는 것은 무엇이든 지금
다 이룰 수 있는 이 세상이
이미 옛날에 이루어진 천당보다
더 낫다는 생각 때문이거나

천당에는 좋은 것만 있다지만
더 이상 변화와 발전이 없으면
오히려 이 세상보다 답답하고
무료할 것이란 것을
이미 알고 있기 때문 아닐까 (2023.11.28.)

거창 창포원

엄청난 규모의 수변 생태공원
사계절 관람이 가능한 거창 창포원
가을에는 국화와 단풍이 한창이다

가을은 역시 국화라는 말처럼
전국 곳곳에서 펼쳐진 국화 축제
어디서든 나름의 특징과
아름다움 보여주지만

창포원 중앙에 전시된
이름과 모양과 색깔도 다양한
소국 대국 실국 산국 들국 등등
형형색색의 국화 분재
꽃과 향기의 천국이다

꽃은 작지만 앙증맞은 소국은
꽃이 크고 화려한 대국보다
오히려 더 진하게 풍기는 향기
선현들의 국화 사랑 함께 젖는다

(2023.11.04.)

동백꽃 외전外傳

세상 모든 것은 타고난 본질보다
때와 놓인 장소에 따라 그 가치와
의미가 달리 평가되는 경우가 많다

동백꽃은 11월 말부터 다음 해
이른 봄 2-3월까지 꽃이 피지만
한겨울에만 꽃이 피거나
한양에서도 생장했다면
그 평가는 지금과 달라졌을 것

소나무와 대나무는 사철 푸르고
매화와 국화는 눈이나 서리가
내릴 때 꽃이 핀다고 사군자라하여
특별히 사랑받지만

동백꽃은 사계절 푸른 것은 물론
겨우내 꽃까지 피우지만 남부지방에서만
생장한다는 이유로 그 가치와 의미를
제대로 평가받지 못하고 있다

겨울철에만 꽃피었다가 봄이 오면

망설임 없이 꽃송이 통째로 떨어져
따뜻한 봄을 외면하는 동백꽃의 모습

평생 겨울 같은 야인으로 살며
끝내 양지에서 볕을 즐기지 않는
지조의 화신 선비의 모습 아닐까

(2023.11.26.)

떨어진 꽃봉

꽃피지도 열매 맺지도
못하고 떨어질 바엔
차라리 꽃봉으로
태어나지나 말든지

때아닌 꽃샘추위나
자연재해도 아니고
허약한 체질과 질병 때문에
피어보지도 못하고 떨어진 꽃봉

꽃피고 열매 맺는 것이
아무런 의미가 없다 해도
떨어지는 것이 섭리라 해도
슬프고 아픈 것은 마찬가지

태어나서 고통만 당하고
모두의 가슴에 아픔만 남긴 채
그렇게 살다가 그렇게 갈 바엔
차라리 태어나지나 말든지

(2024.05.11.)

아마도

내일에 속고 사는 것이 인생이지만
내일은 좋은 일이 생기고
꿈꾸고 바라던 일도 이루어질 것이라
믿고 기대하고 짐작하는 아마도

내일은 어떤 것도 이미 정해진 것도
확실한 것도 없는 것이 인생이라서
현실은 아마도라는 가능성과 추측과
기대만으로 살 수밖에 없다

아마도는 틀림없이 보다 확신의 정도가
낮지만 불확정의 시대를 살고 있는
현대인에게는 언제나 어렵고 힘든
현실을 기대와 희망으로 넘어서게 한다

아마도가 기대로만 끝나고
내일이 오늘과 별반 달라질 것이
없다 해도 아마도는 희망을 낳고
희망은 오늘을 살 수 있게 하는
삶의 원천이자 힘 아닐까

(2023.06.24.)

제5부

2023년 12월

치매와 삶

사람은 운명의 밑그림만 그려진
백지로 태어나 평생 밑그림에
색칠하는 것이 인생이라면

죽음은 태어날 때의 본향으로
되돌아가는 것이라는 말처럼
치매는 본향으로 되돌아가기 위해
그때까지 그린 그림을 다시 지우는
과정일 뿐이라면 억지일까

지나온 삶의 과정을
가까운 것부터 지우는 치매는
삶과 죽음의 과정에서
나타나는 자연스러운 현상일 뿐
특별한 질병이 아닐 수 있다

오히려 더 쉽고 빠르고 편하게
본향으로 되돌아가기 위해
기억조차 미리 지우는 선행학습
실행 과정으로 볼 수는 없을까

(2023.12.30.)

12월 초하루

인간의 편의를 위한
단순한 분절일 뿐
와도 그만 가도 그만인 세월

12월 초하루가 되니
괜스레 마음이 허전하고
쓸쓸한 것은 무슨 까닭일까

할 일도 할 수 있는 일도 없어
마지막 그날이 점점 다가옴만
스스로 느끼고 깨달을 뿐인 막달

한 해를 되돌아보고 정리하며
망년회를 하고 새해를 계획하며
기대를 거는 사람들과는 달리

잊지 않아도 저절로 잊히고
너무 잊혀서 걱정일 뿐
기대도 기대할 것도 없는 나이

이유 없이 애달프고 허허로운 것은
나잇값 못하는 노년들의
어정쩡한 심술일 뿐일까 (2023.12.01.)

계절

날씨가 더위와 추위를 껴입거나
벗으면 오고 가는 계절

날씨가 라니냐와 엘리뇨를
친구삼아 오두방정 떨자
계절도 덩달아 깨춤 추기도 하지만
아직 때를 어기지는 않고 있다

요즘은 시대가 스마트한 탓인지
계절도 입고 벗는 시간은 짧아지고
입거나 벗고 견디는 시간만 길어져서
봄과 가을은 ~듯으로 끝나고
여름과 겨울은 자꾸만 길어진다

계절에 길들고 의지하던 삶
변덕의 날씨 속에 계절도 무작정
인간을 위해 성질 죽이고 무던하게
베풀기만 기대할 수는 없는 처지

해수면 상승이 아니라도
이제는 인간이 날씨와 계절을
돌봐야 할 때가 된 것 아닐까 (2023.12.02.)

날씨의 풍모

어둑어둑 회명하는 아침나절
장마처럼 며칠째 내리는 겨울비
계절을 이기는 날씨의 변덕이다

겨울이 가기도 전에 봄이 왔는가
환호한 동식물 내일의 희망과
기대를 앞당겨 소진하지만

며칠 후면 발효될 한파주의보
갈무리한 진기를 탕진한 채
내일의 기대와 희망을 접는다

자업자득이고 자승자박이라
후회하고 안타까워해도
돌이킬 수 없는 것은 매한가지

천하를 속이고 훔쳐도
희망과 기대는 남겨주던
대도의 풍모는 아닌 듯

(2023.12.15.)

동백꽃 2

벚꽃이 감감하게 하늘을 덮을 때
산책로 모퉁이에 송이 체 장렬하게
떨어져 길을 덮은 동백꽃

한겨울도 너끈히 넘어섰는데
남들이 한창 꽃피우는
때 좋은 봄철에 어찌 혼자
떨어졌는가 참으로 안타깝다 하면

한 계절 넉넉히 누렸으면 다른 계절은
다른 꽃에게 넘겨줄 줄도 알아야지
가면 오고 오면 가는 것도
다 때가 있는 것이니 제때 가야
제때 다시 오지 않겠는가 한다

오고 가는 것이
때가 있고 섭리라 해도
가고 지는 것은 언제나 슬프고
오고 피는 것만 기쁘고 즐거운 것은
인간의 욕심 탓만일까

(2023.03.22.)

모순의 현실

모든 일은 시작이 반이라서
시작이 좋아야 끝도 좋다지만

인생은 금수저로 태어나
초년에 큰 성공을 거두고
단맛만 즐기며 살아도
말년이 희미하면 초년의
화려함조차 도리어 비난받듯

철빈한 집안에 태어나
온갖 시련을 다 겪어도
말년에 성공해서 크게 이루면
초년의 힘든 고통조차 미화되고
개천에서 용 났다 칭찬받는다

현실은 끝이 좋지 않으면
좋은 시작조차 폄훼되지만
끝이 좋으면 변변치 않던 시작도
오히려 좋은 계기였다고
칭찬하는 것도 현실

(2023.03.19.)

아웃사이더

인사이더의 세상에 혐오를
느끼고 스스로 아웃사이더가
되는 경우도 더러 있지만

부와 가난이 대물림 되고
부가 권력과 손잡고 카르텔을
형성하는 현실에서 아웃사이더는
언제나 아웃사이더일 뿐이다

아웃사이더 중에 개천에 용 나듯
특별한 인물은 가끔 인사이더에
편입되기도 하지만 녹아들지 못하고
카르텔을 깨려고 하면

옛날 모 대통령처럼 그들의
어깨춤과 추임새에 퉁겨져
부엉이바위에서 떨어지게 된다

현실에서 안심입명하려면
인사이더의 세상은 딴 세상이라
여기고 곁눈질도 하지 말고
아웃사이더는 자신의 분수에
만족하고 저대로 사는 방법을
스스로 배워야 할 뿐 (2023.12.27.)

장례식장

화장장이 매일 만원이라서
화장하기 위해서는
3일장이 어쩔 수 없이
4~5일 장으로 미뤄지는 세상

12호실까지 있는 장례식장
둘러보니 30대부터 90대까지
망자가 빈 곳 없이 꽉 차 있다

문상객이 끊임없이 북적이고
빈소 앞에는 대통령과 여러 명의
국회위원 근조기가 세워지고
근조화가 몇 겹으로 줄을 서는
빈소가 있는 반면

종일토록 문상객은 상주 숫자보다
적고 근조기는커녕 근조화도 하나
없이 설렁한 빈소도 있지만

빈소 안 국화꽃에 둘러싸인
망자의 웃거나 근엄하고 쓸쓸한

모습은 모두가 한결같다

떠나는 망자의 모습이 서로 같고
가는 길도 마찬가지라면 야단스런
근조기와 근조화가 무슨 소용
인간 삶의 마감 모습 참 우습다

(2023.12.10.)

장모님 초상

날씨가 추워지자 10년 넘은
자동차 아침마다 길길길길 푹
100세 가까운 장모님처럼
시동 걸기 어렵다

일주일이 멀다 하고 정비소
들락거리는 자동차처럼
장모님도 매일매일
병원과 한의원 다닌다

그동안 함께 했던 정 때문에
차마 폐차를 못하듯 장모님도
매일 그만 죽어야지 하면서도
건강을 위해 온갖 애를 다 쓴다

어느 날 이웃 마을 가던 길
고개를 넘다가 다 넘지 못하고
갑자기 푹 꺼진 자동차 엔진처럼
고비를 넘지 못한 장모님

100년의 한 다 내려놓고
안타까움만 남긴 채 그렇게 갔다 (2023.12.22.)

출간出刊

불후의 작품과 작가가 될 가능성이
매우 희박한데도 막연한 기대만으로
무명작가의 끊임없는 창작과 출간은
혹시나 하는 기대가 로또복권이다

저소득층 노인들의 적극적인
로또복권 구매는 아무리 막연하고
희박한 가능성일지라도
할 일도 할 수도 없는 척박한
현실에서 로또복권만이 유일한
가능성과 희망을 주는 일이고
삶의 의미가 되기 때문이듯

작가가 희박한 가능성과 기대만으로
주린 배를 움켜쥐고 끊임없이
창작하고 출간하는 것도 다작만이
불후의 명작을 위한 로또이자
삶의 의미이기 때문 아닐까

(2023.03.09.)

후회後悔 2

이전의 잘못을
깨치고 뉘우쳐서 더 나은
삶을 만들기 위한 후회

나이가 들어갈수록
비례해서 늘어나지만
이유와 필요는 반비례한다

희망과 꿈이 있는 젊음의
후회는 새로운 발전과 방향의
나침반이 되고 더 나은 삶의
모색을 위한 단초가 되지만

이미 추수 끝난 가을 들판은
더 이상의 수확은 꿈꿀 수도
없어서 돌아볼수록
아픔과 슬픔만 더하게 되듯

어차피 돌이킬 수도 움치고
뛸 수도 없는 노년의 후회
늘어날수록 도리어 고통과
회한만 쌓는 삶의 역설일 뿐 (2023.12.05.)

능력

남다르고 특별한 능력도
시대와 쓰임에 따라
장점이나 단점으로
다르게 평가된다

용마가 나고 영웅이 태어나도
때를 만나지 못하면
마침내 용마 전설의 비극적
주인공으로만 남게 되는 전설이나

남들이 모두 기피하는
거대한 방구쟁이의 괴상한 능력도
쓰임새에 따라 집안을 구하는
대단한 능력이 되기도 하는
방구쟁이 며느리의 설화처럼

어떤 특별한 능력도
때와 상황에 맞아야 능력이 되고
장점이 되는 것은 시대를 넘어
오늘날도 마찬가지 아닐까

(2023.12.03.)

종착역의 삶

종착역이 가까워질수록
억지로 참고 견디고 버티면서
최선을 다한 삶 뒤돌아보면

스스로 만족하지 못한 삶
남들이 훌륭하다 대단하다
입발린 말 아무리 칭찬해도
누구나 억울하고 분하고 원통하다

늦었지만 팔이라도 흔들고
큰소리라도 치면서 어깃장이라도
한번 놓고 싶지만 이미 목은 쉬고
팔은 비틀려서 꺾어졌다

후회막급의 삶
오히려 세상이 더 무섭고 두려워
순치된 대로 끝까지 그냥
참고 견디고 버틸 수밖에 없다면

종착역이 가까워질수록
희망도 기대도 다 사라진 삶
괜스레 억울하고 분하지만

이미 때가 아닌 것을
그러려니 할 수밖에

(2024.01.30.)

심술비

가뭄 끝에 내리는 봄비는
만물의 생명을 북돋우는 단비지만
엊그제 개화를 시작한 꽃들에게는
재앙이자 심술비가 될 수도 있다

며칠 전에만 왔다면
꽃들에게도 축복이고 사랑이어서
끝없는 찬양을 받았을 텐데
목마른 갈증을 참다못해 때를
놓칠까 서둘러 꽃을 피웠는데

아무리 간절하게 기다려도
낌새도 없던 비가 하필이면 꽃이
피자마자 쏟아져 한 해의 소망이
순식간에 물거품이 되고 말다니

인생도 때가 있어서 뜻과 때가
어긋나는 것이 일상사긴 하지만
때가 운명이고 운명이 때듯
때아닌 봄비도 놀부의 심술 아닐까

(2023.03.21.)

순천과 역천의 현실

지배자는 천리天理고
피지배자는 인욕人慾이라서
천리는 언제나 선이고
인욕은 악일 뿐

천리가 인욕이 될 수도 없고
인욕이 천리가 될 수도 없으며
되어서도 안 된다는 이기론에서

순천자順天者는 흥하고
역천자逆天者는 망하는 것이
진리고 진실이었으나

지배의 상대어인 순응과 저항
이들이 다시 서로 상대어가 된
현실에서는 순응과 저항이
흥망의 기준이 되지는 못한다

지배의 권력이 부당해서
천리天理를 잃게 되면
순응자로 흥했던 충신은

마침내 간신배 소인배로
낙인되어 망하게 되고

저항자는 반역자로 망했지만
마침내 투사 지조 절의 등의
이름으로 다시 흥하게 된다

순응과 저항이 지배자의
정당성 여부에 따라
순천과 역천이 뒤바뀌고
흥망이 뒤집어진다면

순천과 역천이
언제나 진리일 수 있을까?

(2023.12.23.)

울음의 역설

아이는 태어나면서 울어야
부모들이 웃으며 기뻐하고
부모는 죽을 때 웃어도
자식들은 울면서 슬퍼한다

탄생과 죽음에 대한
자식과 부모의 서로 다른 모습은
삶의 근본에 대한 인식의
차이 때문만일까

아이는 태어날 때 고해의 바다에
던져짐이 싫고 안타까워서 울지만
부모는 고해를 함께 헤쳐 갈
동지가 생겼음에 기뻐서 웃고

부모가 죽을 때 웃는 것은
죽음이 슬프지만 고해의 바다를
떠날 수 있음이 기쁘기 때문이고
자식이 우는 것은 함께 할 동지를
잃은 슬픔 때문 아닐까

(2023.03.21.)

까치집

나무 꼭대기 가느다란 가지 위에
바람이 불 때마다 이리저리
흔들리면서 아슬아슬하게
붙어 있는 까치집

기후의 변화도 미리 예감하고
문을 남북으로 달리 내기도 하며
천삼백여 개의 나뭇가지와 진흙과
볏짚만으로 지은 집이지만

보기와는 달리 어떤 태풍에도
나무가 부러지거나 가지가
꺾어지지만 않는다면 안전하고
까마귀나 천적의 공격도 막아내고
비바람에도 끄떡없는 까치집

미물의 까치집이 잘난 인간들의
건축물보다 과학적이고 정교하여
어떤 지진도 태풍도 넘어선다면
건방진 인간들의 반면교사 아닐까

(2023.03.10.)

멋진 삶

덥기만 하거나 춥기만 한
열대지방이나 한대지방보다
사계절이 뚜렷하고 적당하게
변화를 주는 온대지방이 살기 좋듯

가뭄이 계속되면 비를 기다리고
장마지면 맑은 날을 기다리듯
날씨도 맑은 날만 계속되거나
흐리고 비 오는 날만 계속되면
금방 짜증 나고 싫어진다

인생의 멋진 삶도 날씨처럼
가뭄 홍수 태풍 폭설 한파의
궂은날과 맑은 날이 교차하고
흥진비래하고 고진감래해야
오히려 살만하고 공평하듯

지금의 고통이나 기쁨을 담담하게
받아들이고 넘어설 수 있어야
진정 멋진 삶이 되는 것 아닐까

(2023.03.30.)

한 세기의 마감

요즘은 장례식장마다 빈 곳이
없을 만큼 사망자가 넘치지만
젊은 사망자보다 한 세기를
다 채워가는 사망자가 더 많다

한 세기를 살다 간 사람은
반세기도 못 채운 사람보다
더 행복하고 더 의미 있는
삶을 살았고 자신의 삶에
만족하며 갔을까

어차피 한 세기나 반세기를
산 사람 모두 죽음에 임해서는
누구나 안타깝고 애석해하며
간다는 것은 동일 해서

삶과 죽음은 장단에 관계 없이
어차피 삶이 부족할 뿐이라면
그렇게 장수에 연연하며
안타까워할 필요가 있는 것일까

(2023.12.11.)

똥 밟은 날

어이쿠! 똥 밟았네

성질대로 다시 한번
콱 밟아버릴까?
옆의 발에도 똥이 튈 텐데

더러운 놈
세차게 걷어차 버릴까?
발등까지 똥이 튈 텐데

나쁜 놈
멱살잡이라도 해볼까?
얼굴에 똥칠만 할 텐데

개 같은 놈
씩씩거리며 참는 하루
똥 밟은 기분 참 더럽다

참을 인忍자 세 번이면
살인도 면한다 했으니
쓰담쓰담 스스로 위로할밖에 (2023.12.19.)

발문跋文

시 쓰기의 양면성

시 쓰기는 즐겁고 행복한
일이라는 말은 거짓이거나
시인의 말이 아니다

시인의 시 쓰기는 시인의
피와 고통을 바쳐야 하는
아픔이고 괴로움일 뿐이거나

임신부의 출산 과정처럼
죽음 같은 고통을 지나 신생아를
보는 순간 느끼는 기쁨일 뿐

시인이 한 달에도 몇 번씩이나
붓을 꺾어버릴까 절망하면서도
계속 시를 쓰는 것은

시인의 피를 먹고 태어난 시는
생래적으로 출산의 고통과 탄생의
환희를 동시에 내재하기 때문 아닐까

- <필자의 제9 시집 마중물에서 인용>

위의 시에서 보는 바와 같이 필자는 출판할 때마다 왜 내가 시를 써서 겪지 않아도 될 고통을 자초하는가 하는 자괴감에 빠지기도 한다.

욕심은 근심 걱정을 부르고 근심 걱정은 고통과 불행의 씨앗이 됨을 알면서도 좋은 시를 많이 쓰고자 하는 욕망은 접을 수가 없어 대단하지도 않은 시를 분에 넘치게 양산하고 또 이미 써놓은 작품을 다 버리기도 아까워 온갖 핑계와 변명을 늘어놓으며 마침내 집안의 불화는 물론 출판사에까지 폐를 끼치면서 출판을 감행하고 있다.

이번에만 하고 다음부터는 드문드문 가끔 책을 출판하겠다고 출판할 때마다 다짐하고 약속도 했지만 이제까지 전혀 지키지 못했다. 이번에도 4권의 시집을 한꺼번에 출간하고 다음부터는 한 권씩만 출판하겠다고 다짐하지만 아마도 지키지 못할 것 같아서 이번에는 아예 그런 약속조차도 하지 않으려 한다.

나는 이미 나이도 많고 앞으로 살날도 시를 쓸 수 있는 세월도 아마 그렇게 길지는 않을 것 같다. 그리고 때늦게 시인의 길에 들어선 나는 시를 쓰는 것이 나의 일이고 나의 삶이라서 시를 쓰지 않거나 못 쓰면 나는 이미 사는 것이 아니거나 죽을 때가 다 된 것이기에 살기 위해서는 살아 있기 위해서는 죽는 날까지 열심히 시를 쓰고 시집을 낼 수 밖에 없다면 해마다 몇 권의 시집이든 계속 출간하는 것은 아직 내가 죽지 않고 살아 있다는 증거 아닐까 한다.

그래서 누가 무슨 말을 어떻게 하든 그들이 나 대신 시를 써 주지도 줄 수도 없다면 남의 눈치나 보며 일부러 시 쓰기를 게을리하고 쓰지 않거나 출판하지도 않는 것은 나의 인생을 내 스스로 거부하고 삶을 포기하는 일이라 생각하기에 필자는 지금까지처럼 큰 고통을 느끼면서도 무작정 많은 시를 쓰려고 애쓰지는 않겠지만 그렇다고 게으름을 피우지도 않을 것이다.

나의 시 쓰기로 인해 고통을 느끼는 가족과 그 외 주변의 많은 사람들에게 미안한 마음 금할 수 없지만 지나고 보면 이것도 새롭고 특별한 하나의 추억이 될 것이라 믿으며 긍정적인 측면으로 생각하고 지켜보노라면 머지않아 지나갈 것이고 또 아쉬움도 남는 일이 될 것이라 스스로 위로한다.

그리고 출판의 고통은 대부분 필자가 아직 유명 작가가 아닌 데서 오는 출판비의 조달 때문에 오는 것이지만 저 옛날 선인들 중 많은 사람은 생계를 돌아보지 않고 오로지 저작 자체에 인생을 걸었기에 오늘날까지 인구에 회자하는 좋은 작품을 남길 수 있었다는 점을 반면교사로 삼아 앞으로도 죽는 날까지 무작정 시 쓰기를 강행할까 한다.

다만 이제까지 필자는 대단하지도 않은 문학 작품집을 팔아서 돈을 벌고 부자가 되겠다는 욕심은 갖지 않았기 때문에 시집을 팔아 돈을 벌려는 것은 매문賣文과 같다는 생각에 누구에게도 책값을 받거나 판매하려 하지 않았다.

그러나 악화가 양화를 구축하듯 출판과 출판비 문제가 오히려 창작과 창작 의욕을 가로막는 작금의 상황에서는 계속 창작활동을 하려면 최소한 다음 출판을 위한 출판비 정도의 지원은 받을 수 있다면 받는 것도 반드시 부끄러운 일만은 아니라는 생각을 하게 되었다.

그래서 이번에 출판하는 11집부터는 후원하시고자 하는 분들이 있다면 감사한 마음으로 후원금을 받기로 하고 책마다 약력 말미에 후원금 계좌를 제시하기로 했다.

물론 안빈낙도安貧樂道하며 청빈한 삶을 자랑스럽게 여겼던 조선조 선비정신을 동경하면서도 선인先人들이 경계한 소인기小忍饑를 실천하지 못한 부끄러움이 없진 않다. 그러나 붓을 꺾기보다는 현실의 뻔뻔함을 선택하는 것이 오히려 낫겠다는 심정이 앞서기 때문이다.

이 발문을 읽으신 독자 제현께서는 부담을 갖지는 마시되 다음 출판이 기대되고 또 계속 출판할 수 있도록 지원하는 것이 필요하겠다 생각되신다면 금액의 다소를 막론하고 후원해 주시면 감사히 받고 저는 더욱 분발하여 최선을 다해 창작에 매진하고 출판도 계속할 것을 약속드린다.

2025. 02.15.

무심재無心齋에서 김수봉 사룀.

제11시집

아마도

초판1쇄 발행 2025년 5월 15일

지 은 이 김수봉
펴 낸 이 이길안
펴 낸 곳 세종출판사

주소 부산광역시 중구 흑교로 71번길 12 (보수동2가)
전화 051-463-5898, 253-2213~5
팩스 051-248-4880
전자우편 sjpl5898@daum.net
출판등록 제02-01-96

ISBN 979-11-5979-767-5 03810

정가 12,000원